"Aprender, Ayudar y Amar"
Alejandra Bibiana Oliveros Flores

¿Y cómo comenzamos si no es aprendiendo? El aprender, el saber adquirir conocimiento, el tener experiencia por lo que hemos vivido, por lo que la vida nos da y nos sorprende, es lo que hace realmente el contenido de nuestro interior, lo que nos fortalece, lo que nos hace y genera un sentido de vida. Es decir, el llenarnos de sabiduría.

Saber que cada día más nos hace intensos, sorprendentes, pero sobre todo nos hace querer aprender más y más.

Justamente cuando hablamos de sabiduría, normalmente pensamos en Dios, en los sabios, en los maestros, en todo ser que nos puede instruir sobre experiencias, temas de la vida misma, el significado de vivir y, sobre todo, que nos enseñan a entender que hacemos aquí, cuál es nuestra misión, quienes somos, de dónde venimos, qué somos, qué estamos haciendo y qué tenemos que hacer.

Precisamente ¿Qué tenemos que hacer?
Esa es la pregunta perfecta que nos abre la puerta al conocimiento, porque quien empieza sin saber, no empieza, solo intenta hacer algo que no sabe, pero aun así ya adquiere experiencias y por lo tanto aprendizaje. Aprender fácilmente se resume

al acto de moverse, de intentar, de buscar, pero sobre todo de vivir.

El siguiente paso es entender que la vida es un camino lleno de oportunidades, de aprendizaje, donde a través de procesos vamos acumulando experiencias que nos hacen tener la suma de eventos que con el paso de del tiempo se unen a nuestra sabiduría.

Así que creo que las matemáticas del aprendizaje suman: momentos, experiencias, recuerdos, intentos, experimentos, fallas, interacciones, días, noches, horas, minutos, segundos e instantes. Todo se enlaza logrando múltiples resultados que se interpretan y se manifiestan de muchas formas y perspectivas.

Aprender es un acto muy sencillo, pero también muy separado de las intenciones mundanas. Si, es una contradicción. Venimos a este mundo a vivir y experimentar, pero la mayoría de las veces solo seguimos patrones, que no es lo mismo que aprender. Seguir patrones es solo el acto de imitar inconscientemente, es la tarea de crear e instalar hábitos que nos permiten integrarnos a grupos y sociedades que generan diferentes culturas.

"**Aprender** será nuestra primera tarea para poder seguir dando pasos al conocimiento"
"**Imitar** es la acción que debemos dejar a los actores, quienes adoptan actitudes para dar vida a sus personajes. Si seguimos imitando, jamás lograremos criterios individuales e inteligentes."

¿Y que decimos de ayudar?
Se enlazan mucho las palabras: **aprender-ayudar. S**on dos verbos que definimos de manera conjunta en la mayoría de los casos,

ya que, para aprender, muchas veces en sinergia recibimos el mensaje de quienes nos heredan de forma filantrópica la idea que marcan los formalismos sociales, los pasos a seguir para vivir de manera endémica y donde el menos sensible normalmente es quien gana. Si lo analizamos con frialdad, las nuevas generaciones mantienen relaciones que tienden a mantenerse a través de una disputa de mandos. Si, quien lleva el mando o el dominio de la relación, es quien quiere menos, y así vemos cómo actualmente hablar de relaciones de amor es simplemente un lazo de coincidencias que aportan compañía, ideas, creencias, pero se olvidan de que el amor es el principal elemento que marca el todo de dos.

¿Pero qué tenemos que enseñar?
Si ven, esta pregunta se conecta directamente con el verbo ayudar.

"Ayudar literalmente es un verbo lleno de amor"

También las palabras contienen energía y en cada emisión se transmite la frecuencia que genera una reacción.
Ayudar en todas sus formas emite amor al prójimo, compasión y empatía.

En la intención humana de ayudar, se explaya el espíritu de la bondad y la generosidad. Siempre el resultado que se recibe de cada acción de ayudar genera placer, orgullo de sí mismo, alegría. En resúmen, son partículas de amor que se esparcen por todo nuestro cuerpo en forma de endorfinas, hormonas de placer, vitalidad y armonía.
Y amar es la acción más hermosa y difícil en estos tiempos, ya que en la nueva era el amor se interpreta de manera equivocada, sin sentido ni sentimientos, solo son palabras escritas o proclamadas de manera pasiva, sin

verdadera intención. Pero, aun así, el solo hecho de pronunciarla, de la forma que sea, siempre deja algo que conecta con el corazón. Y aunque en el paso de la historia de la humanidad, el amor" siempre es y ha sido, y estoy segura que seguirá siendo el protagonista de nuestra existencia, abriéndose en diferentes vertientes, en donde va fluyendo sin verlo tácitamente, pero siempre brota su fuerza, porque en ella existe **la más pura esencia de la vida** *y no hay quien se pueda librar de ella. Y si, se puede ser indiferente, pero es tan fuerte el amor, que por sí mismo se reconoce, y deja también que lo usen de la manera que sea, pues es tan genuino que no pone reglas de uso. Cuando se manifiesta siempre es el mismo.*

Aprender del amor es como vamos buscando un sentido personal de reconocimiento, ya que el amor se inserta como nuestro "yo soy" que es la manifestación más pura del ser humano, el emprender cualquier acción que genera paz interior, placer, alegría y emoción con furor por sentirse completo, es la suma de un cuerpo lleno de energía manifestando amor.

Cuando el ser humano logra este estado de conciencia y de reconocimiento, claramente está viendo el máximo de sus posibilidades, y es ahí, cuando el espíritu se viste de poder.

El poder, sabemos que viene impulsado por una fuerza de nuestro interior, pero no confundamos _el poder del_ _ser_ con _el poder ser_ con los demás.

El poder del ser viene y nace desde nuestro reconocimiento del **yo soy**, el saber que somos algo que emerge de todas las posibilidades, pero que su esencia principal es el amor en sí mismo, el amor que te viste y calza, porque con él vivirás, aun así, como todo, lo llevamos puesto de acuerdo a lo que nos permite usar la vida. En cambio, **el poder ser** con los demás, pretende varias vertientes:

La primera. - <u>El ser humano</u>

La segunda. - <u>El ser Yo mismo,</u>

Y la tercera. - <u>El ser con los demás,</u>

y aquí vamos a definir la diferencia de ser yo mismo con los demás desde mi propio poder y el poder que puedo tener para controlar a los demás.

La primera. - El ser humano es nuestro principio y fin en este camino terrenal. Definir humano, enmarca principalmente ser empático, humilde y sensible.

La segunda. - El Ser yo mismo es nuestro propio reconocimiento, vivir en la auténtica versión de nuestra esencia.

La tercera. - El ser con los demás. Aquí tenemos varios sentidos, *el sentido común* y el *sentido figurado.*

El poder ejercido hacia los demás con sentido común, es la empatía generada desde un proceso lógico que siempre determina un resultado objetivo y claro, pero siempre sin involucrar la voluntad propia, sino un beneficio general.

El poder por voluntad propia puede ser de varias formas, pero me gustaría señalar claramente el poder de controlarlo todo a tu alrededor, incluyendo a personas, generado desde el ego, pues aquí se evidencia una de las problemáticas más comunes en nuestra humanidad: "El poder sobre los demás".

"El poder sobre los demás, es y ha sido la causa principal para que la humanidad viva confundida"

Cuando me refiero a la confusión que ha causado "El Poder sobre los demás" me refiero a cada uno de los líderes de la historia que han marcado los pasos que hemos dado como humanidad.

Marcar la historia a través de formas y manifiestos, de códigos y formalismos, de leyes y decretos, de guerras y complejos.

Líder, ¿qué es realmente un líder? ¿Cómo lo reconocemos? Y ¿qué es un poderoso líder?

Conocemos muchos tipos de liderazgo, pero no sabemos mucho de cuáles son sus verdaderos fines. Definir a un líder no es lo mismo que definir liderazgos.

Definición propia:

*Líder: Es quién seguro de su esencia, conocimiento y resultados, se expone como ejemplo con el propósito de multiplicar fortalezas y permear conceptos, pero ejerciendo la responsabilidad objetiva de mantener el libre albedrío y criterio individual hacia sus adeptos, con la visión de que siempre le superarán mejores ideas y surgirán nuevos líderes.

Definición Google:

1. Persona que encabeza y dirige un grupo o movimiento social, político, religioso, etc.

2. Ejemplo: "líder político"

3. Persona o cosa que ocupa el primer lugar en una clasificación o competición. Ejemplo: "El ciclista boliviano fue el líder durante tres etapas"

Veámoslo como puntos de partida, vamos a ejemplificar a cada definición y me gustaría comenzar con las 2 definiciones de Google respectivamente.

1.- ¿Quién encabeza y dirige un movimiento o contingente?

Mencionaré 2 dividido en positivo y negativo (punto de vista personal).

A) **Hitler**, en primera ¿a qué te remite este personaje?, sin tener que contar una historia llamada: *El Holocausto —también conocido en hebreo como השואה, Shoá, traducido como «La Catástrofe»—, conocido en la terminología nazi como «solución final» —en alemán, Endlösung— de la «cuestión judía», es el genocidio que tuvo lugar en Europa durante el transcurso de la Segunda Guerra Mundial bajo el régimen de la Alemania ... *Wikipedia*

B) **Jesucristo** ¿Qué te dice el nombre del hombre hijo de Dios, Cristo? - Wikipedia, la enciclopedia libre

La creencia cristiana afirma que Dios se manifestó a los hombres en la persona de Jesús de Nazaret (en hebreo: Yeshúa), siendo el Hijo de Dios hecho hombre.

<u>Mi punto de vista (si lo deseas también define el tuyo):</u>

-Para mí hablar de **Hitler** es conectar con el temor, el odio, la impotencia y la injusticia.

-Jesucristo, para mí es el icono de Dios, hecho hombre en esta tierra.

Si miramos las definiciones de Google, nos habla claramente de lo que se ha plasmado en la historia de la humanidad y como todos o la gran mayoría lo concebimos. Por un lado "Hitler" un líder que desarrolló tanta fortaleza en su "yo soy", que brincó al "yo puedo- hacia los demás" con el firme propósito de generar un cambio global de acuerdo con sus ideas, no había empatía solo metas, no había sentido común, solo reglas, no había sentimientos, solo acciones bélicas, no había libertad, solo opresión e injusticia. ¿Qué traduce en tu mente todo esto? En lo personal, es el otro *lado de la moneda hablando de mi propia definición de líder, porque si la comparamos, no se asocia en nada, solo en el <u>poder</u>, término que implica el todo de esta diferencia, pero que, si observamos más allá, todos lo tenemos, pero ya es del "yo soy" de cada quien como lo tomamos y como le damos uso.*

*Quiero con esto poder aclarar que para mí la bondad no es un acto codificado o generado por el miedo, sino por el amor. Por esto mi relación con la definición de Jesucristo se acopla directamente con la mía, ya que para mí el amor es justamente la esencia de Dios en la tierra y mi definición de líder está basada justamente en quien te muestra el camino al crecimiento personal, dejando tu libre albedrío y tu espíritu del amor hacia los demás, como un principio manifestado en la palabra **Ayudar y/o Dar,*** basta con saber quién eres y reconocerte para conectar con la divinidad y sorprenderte cada vez que tú *Yo soy* se manifiesta.

¿Qué haces cuando alguien te pide ayuda?

¿Qué haces cuando alguien llora de dolor? (físico o emocional).

¿Qué haces cuando vez alguna injusticia?

¿Qué haces cuando un niño está desvalido?

¿Qué haces cuando ves a un indigente en la calle?

¿Qué haces cuando ves imágenes de la hambruna de niñitos en África, la India y en México, ¿mi país?

¿Qué parte de tu "yo soy" despierta?

Emprender el espíritu caritativo es un estado de conciencia que te conecta a través de la empatía del dolor, no necesariamente porque ya lo hayas vivido en carne propia, sino por tu sentido de humanidad que te conecta.

Este atributo humano llamado **caridad** se ha desgastado al paso de la historia de la humanidad ¿Por qué? ¿Cómo? Porque somos cada vez menos presentes en el aquí y ahora, porque nos alejamos del yo soy y nos acercamos más al quiero ser. ¿Cómo? Con el desvío de intenciones, acciones, pero sobre todo de nuestra propia fe. Si, seguramente dirán, esto suena muy religioso o tendencioso a alguna fe, pues aclarando por sí acaso no profeso ninguna fe religiosa, primero porque jamás fue ejercido en mi familia y segundo porque al buscar en alguna práctica religiosa mi yo soy, me encontré que ninguna iglesia es mi casa, y que de las creencias nos limitamos y por esta razón, solo me enfoco en la esencia humana y espiritual. Espero haber sido clara, pero si es verdad que dentro de mis prácticas, búsquedas y estudios espirituales que son pocas, me decanto mucho por Jesús, Buda y las leyes universales como líderes del crecimiento espiritual y las verdaderas leyes de la humanidad.

"Se que en algo debo creer y ese algo es el Dios y ese Dios es mi meta final."

Nos han vendido y comprado la bondad. *Una canasta que se vende y se compra con los siguientes contenidos: voluntad, miedo, respeto, necesidad, reconocimiento, aceptación, ganancia y perdón. Dejando fuera completamente los verdaderos valores y atributos humanos.*

Olvidándonos que la caridad y humildad, son parte de nuestra dignidad como seres humanos, reconociendo en otros nuestras debilidades, así es como fomentamos la empatía y marcamos la línea y el camino a nuestro propio criterio y voluntad.

"Somos manada y una manada desarticulada pierde el rumbo"

Jesús hablaba del rebaño y en su sentido más amoroso, buscaba pastores y no solo eso, los instruía para cuidar lo más posible el rebaño, pero con el propósito (criterio espiritual) de llevar nuevas conciencias a la luz y al amor eterno, a Dios y a la fe en él. *"No hay fe ciega"*, **esta frase es un desvío, un sesgo, que genera contrariedad. Dios no pide tu ceguera, ni a los mismos invidentes, solo te alinea a la fe plena, que empieza justamente en ti, en tu yo soy.**

<Todo nos lleva a valorar las acciones, parábolas y decretos de Jesús, en un contexto con menos fanatismo y más conciencia, que no limite nuestro conocimiento y que por el contrario alimente nuestra fe, pero sobre todo que se traduzca en sabiduría >

Esto es **enseñanza**-<u>ayudar</u> a otros a obtener sabiduría y a tener fe y conocimiento, tu espíritu caritativo es despierto por tu propia conciencia. ¿Ves cómo todo este proceso tiene una lógica irrefutable? Haz el ejercicio, día a día, cambiando solo tus pensamientos y analizando tus ideas y creencias concebidas, date la oportunidad de confiar en tu propio criterio y libera nuevas ideas, después conéctalas con el conocimiento de verdaderos sabios, de seres que han dejado amor y fe en ti mismo(a). Esta acción se llama ser inteligente, porque para eso estás construido biológicamente, para lograr fluir como un sistema que equilibre su inteligencia, su yo soy y su sentido más humano. Este último abarca muchos valores, en ellos está tu esencia, mejor dicho, nuestra esencia, la cual hemos tapado en nuestro interior con ideas generadas por culturas que solo han diversificado a la humanidad en razas, religiones, fronteras, políticas, sociedades, poderes y economías. Todo esto es la suma de lo que vivimos en la actualidad, y si observas, todo está en disputa y otras en declive. ¿Por qué? Lo sabemos bien todos, aunque no seamos ni de la misma fe, religión, país, ideas o creencias, esto no se puede esconder, es tan evidente, pero tan impuesto, que se ha vuelto endémica en muchas culturas y en muchas mentes dormidas.

¡Debemos despertar!

¡Despierta, mi bien despierta! dicen las mañanitas (fragmento-cántico ritual de aniversario en familias de México).

"Entonces ya hemos avanzado cuando entendamos que el despertar surge después de haber iniciado un proceso de cambio y de liberación".

¿Cómo despierto? Tu sentido común te lo dice. Es cuestión de romper paradigmas, de liberarte de liderazgos equívocos, que solo manipulan tus pensamientos, y esto cada vez está con más fuerza, pues el poder se sitúa en las potencias económicas, quienes tienen mayores posibilidades sobre los recursos, y esto, sí que es un grave problema en nuestra humanidad.

Hablar de potencias mundiales sabemos que es hablar del control de la vida de muchos, quien no lo observa es porque ya vive en ello, y esa desafortunadamente es la gran mayoría de nuestra población mundial. El peligro es justamente ese, ser mayoría bajo un dominio inherente, pero no por ello obligatorio, solo es cuestión de liberar nuestras ideas a las más sanas posturas individuales y sumarnos a las nuevas fuerzas de cambio, de criterios propios, de ideas claras, justas y lógicas, de tomar la responsabilidad de nuestros actos y acciones, pero no dejar de lado nunca, que somos manada, tal vez eres un líder, ¿pero qué tipo de liderazgo accionas? ¿Hacia dónde va tu contingente o tus adeptos? ¿Cómo y cuánto impactan a la humanidad y en qué forma? ¿Ves? La responsabilidad crece, así como nuestra conciencia lo debe hacer y con un paso adelante, porque la visión debe estar en ella. Se nos olvida que la única ceguera humana está en no despertar la conciencia.

RETOMEMOS EL TÍTULO DE ESTE LIBRO...

"Ayudar, Aprender y Amar"

Ayudar. *- Justamente es la primera parte que abordamos en este libro, la que hemos manifestado en diferentes conceptos e ideas que la relacionan, pero lo más importante es analizarla uno mismo.*

¿Cómo ayudar a ayudar? Esto es redundante, pues en la mayoría de los casos se ha vuelto una maestría en la vida de muchas personas. Esto justamente por el efecto y resultados obtenidos hace que el sentido de compartir avance hacia otros espacios, personas y grupos, permeando en diferentes métodos el acto simple de ayudar. Y ¿por dónde empiezan los grandes coaches? Primero generan una experiencia o historia de su propio encuentro, es decir, comienzan por ayudarse a sí mismos, reconociendo el resultado positivo de su experiencia dolorosa o por algún proceso difícil en sus vidas. A todo esto, súmale siempre el amor.

Este es un ejemplo muy actual de la cantidad de personas que desde el amor deciden involucrar su historia de vida para ayudar a otras personas. Claro, muchas veces y después de obtener resultados positivos, se produce el efecto llamado "ganar-ganar" pues se ha vuelto una profesión en el caso del Coaching y la psicología y que ha revelado las capacidades económicas que en esta materia se pueden lograr. Es decir, se ha vuelto una nueva industria "Ayudar a Ayudar" y es la manera actual de motivar a otras personas a sentirse útiles y manifestar su poder hacia otros, otorgándoles la oportunidad de conectar con sus debilidades para empatizar poniendo como meta el reto; "sal del hoyo del que yo salí" ¡Pero además te digo mi metodología!

Vemos como la vida y sus acciones hacen que hasta los mismos valores se capitalicen y no solo eso, también los moneticen, entonces ¿dónde está realmente el sentido de la caridad y de la acción de AYUDAR?

No con esto pretendo estigmatizar la labor profesional de muchos y muchas en el mundo del liderazgo, simplemente estamos hablando de la esencia humana de "Ayudar" el acto humilde de dar la mano, sin esperar recompensa. Pero, desafortunadamente en la necesidad, entra el oportunismo o la oportunidad (nicho de mercado en Mercadotecnia). Es tan real ver que está vida se ha actualizado desde estos mecanismos mercadológicos que han dejado de lado la fuerza e importancia de los valores esenciales para el desarrollo personal de cada ser, y que por la falta de ellos, la sociedad se vuelca en incongruencia, intolerancia y contradicciones que cada día confunden más a las nuevas generaciones y mucho más a las más viejas, por la encontrada manifestación de ideas nuevas que obstruyen completamente la dignidad humana, confundida ahora con el liderazgo impersonal (influencia o influencers) del nuevo mundo digital.

Hablando un poco de este mundo digital y los llamados "Influencers" vemos cómo es un nuevo concepto de liderazgo, que nos lleva a imitar o seguir simplemente sus ideas, Seguimos siendo víctimas de la ignorancia, y está, es la enfermedad más poderosa del planeta, por qué a través de su existencia, surgen oportunidades (oportunismo) de dominio.

Las oportunidades de dominio son liderazgos manipuladores, que no tienen más que el propósito de completar su necesidad de reconocimiento a través de sus seguidores, y una vez conectados llevarlos a sus propuestas. Por ahí se conecta la oportunidad de la mercadotecnia, que, como herramienta estratégica, les da reconocimiento a estos métodos como recursos para generar ventas.

¡Ven! Todo se manifiesta en el propósito de adquirir poder económico y social mediante la popularidad.

¿Quienes pagan millones por ser populares y ganar adeptos?

Así es ¡los políticos! Jajaja ¿Se dan cuenta de todo el poder que manifiesta el acto simple de Ayudar?

Entraremos a un tema muy abierto sobre el mérito; "la tarea de ayudar a otros", LABOR POLÍTICA.

Creo que en esta temática no vamos a profundizar mucho, pues es más que conocida la deformación del concepto político contra la verdadera actuación de los militantes, pero si voy a resaltar literalmente cómo utilizan los valores, y en este caso puntual el valor de "Ayudar" como estandarte primordial para atraer adeptos y confianza ante sus propuestas demagógicas, que además son inalcanzables.

Es repetitivo cada día ver la imagen pública de un político y el mensaje que transmite en sus formas, y me refiero a todos los protocolos que incluyen en su metodología publicitaria para ganar popularidad, incluso toda la producción que hoy se incluye en el propio equipo de cualquier militante para sostener su imagen y credibilidad ante sus adeptos. Por ejemplo, vemos que se habla en últimos tiempos de la violencia política en contra de las mujeres. ¿Cómo se manifiesta realmente este problema socialmente? Si recordamos que la mujer en teoría ya podía militar desde hace algunas décadas, para ser exacta desde hace aproximadamente 56 años, empezaron a tomar mayor fuerza en sus funciones, no solo siendo parte de un proyecto político en las áreas administrativas y en apoyo y coordinación de las actividades de los funcionarios de la época, sino que comenzaban a dar pasos sobre los estrados del curul para ser escuchadas y reconocidas dentro del ámbito como militantes y también como posibles candidatas a algún puesto político de alto rango. ¿Pero qué pasaba en esa época; pues no había forma de que se les abrieran las posibilidades de la popularidad, pues tenían que permanecer en el Backstage de las campañas políticas de otros, que normalmente eran hombres y ellos, decidían claramente la función en la que limitadamente podían aspirar algunas mujeres, ¿pero a que nos lleva este ejemplo, y el tema que nos confiere en este capítulo? el concepto de Ayudar...aquí lo veremos desde otro punto de vista, en sí desde otra perspectiva, nuevamente este valor es utilizado como moneda de cambio, pues ahora la ayuda es una necesidad, no nace de la caridad de dar, sino al contrario, es el acto de "cumplir promesas" con esto podemos ver claramente que el verbo "ayudar" es usado en doble sentido, pues hay quienes la piden y hay quienes la dan; en este caso el ejemplo que *voy a poner, es un supuesto acto y así una supuesta respuesta, por ejemplo: una mujer militante de un partido político en los años 90's, pide ayuda a un político de alto rango para poder contender en las grandes ligas políticas, pero, veamos claramente cómo opera la lógica política normalmente; la mujer busca ayuda, el funcionario capta la necesidad y la oportunidad de algo, esa oportunidad en realidad se manifiesta en el privilegio de su poder, entonces la necesidad de buscar oportunidades mayores en su desempeño político, emprendido desde el poder ser(de la mujer) se pone en un momento de debilidad, para buscar apoyo con un político (hombre) que emprenderá la oportunidad desde su poder, para endeudar de manera negociada a la que pide al favor. En resumen, vemos que la mujer busca un camino más corto y el hombre con las ventajas que lo empoderan, aprecia la oportunidad de "ayudar" pero, con* condicionando la reciprocidad negociada. Esto define claramente que el acto de ayudar llega aquí como un favor, no como un valor.

Si vemos las acciones de los políticos ante la sociedad veremos los actos filantrópicos más evidentes para con la gente, pero ¿cómo se manifiesta el valor de ayudar? Aquí, en este caso, es a través de la necesidad concebida que existe en la sociedad, pero además con las ventajas de poder obtener medidas y estadísticas sociales en los segmentos que permiten saber cuántos y cuáles grupos necesitan más ayuda. Pero no confundamos lo anterior, los políticos o partidos políticos no lo miden ni segmentan con el fin de compadecerse de los desvalidos o más necesitados. No, la verdad oscura es tener información para saber y ejercer el poder. Recuerda que "Información es poder". Si se lo que necesitas, yo resuelvo tu necesidad, que no es lo mismo que

"Ayudar ". ¿Se dan cuenta que la confundida sociedad ha perdido el significado de los valores y por ende el respeto? Pues este ejemplo es, creo yo, en el que más vemos acciones y reacciones. Desafortunadamente esta manera de manipular usando el valor de ayudar, desmitifica la realidad que juega el mundo de la política, con la sociedad. **"Tú necesitas, yo te <u>ayudo</u> y al final, tú me das tu voto"** aquí resumido en una simple oración.

Pero no todo es malo, el acto de la simbiosis es un gran ejemplo de la reciprocidad, "yo te ayudo, tú me ayudas" y esto ya es una negociación clara entre dos o más personas, y existe en diferentes ámbitos para mantener un equilibrio, es tan valido y valioso que además genera nuevos valores, como el de ganar-ganar, el reconocimiento de que en un sistema donde todo fluye de manera equilibrada y equitativa, todos ganan; además se manifiesta un sentido de

Autoayuda endémica, son pocos los ejemplos de pequeñas sociedades que viven con esta idea, pero si son muchos los beneficios y en resumen se aplica cuando se vive realmente en comunidad, un sistema social donde todos cooperan para mantener una sociedad sana y en equilibrio.

¿Ven? La palabra "AYUDAR" es una medicina, se aplica de manera muy recurrente, aunque no siempre los fines son realmente ayudar. ¡Que contradicción! Pero es aquí donde se debe aplicar mayor atención, donde se vuelcan los puntos débiles para ser las oportunidades de algunos, que, disfrazados de bondad y caridad, entran con su espíritu voraz a comerse el mundo a través de la debilidad de otros (la ley del más fuerte). Pero no, yo creo que aquí no aplica esta ley, en realidad no hay ley, ni justicia, hay confusión generada por la ignorancia, abre la oportunidad a los poderosos que huelen y

generan necesidades, para luego, resolverlas (ayudar).

Bien dice el dicho ¡Al que madruga, Dios le ayuda!

Creemos en tantos dichos y condiciones, que sin querer las aplicamos como pruebas de suerte día a día, hasta le pedimos ayuda a los santos, a Los Ángeles y al niño Jesús, pero ahora se trata de pedir y de eso hablaremos, de pedir ayuda. Del que la pide y por qué pide.

Pedir ayuda es otra perspectiva. No es lo mismo recibir sin esperar, que pedir sin esperar, ¿captas?

Pedir Ayuda. Nos han enseñado que es y debe ser un acto emergente. Por ejemplo, se te poncha una llanta del coche y hay que pedirle ayuda a alguien si no sabes hacer el cambio.

Se usan modos alarmantes como gritar, hacer señas e inclusive poner un cono de auxilio metros antes de un accidente, esto avisa de precaución.

Pedir ayuda a un amigo como, por ejemplo: pedir dinero prestado hace un conflicto. El simple hecho de pedir dinero en muchos casos es difícil, primero por la vergüenza de tener necesidad, segundo por romper esa frontera de volverte débil ante alguien y, por último, no saber la respuesta de un "sí te ayudo, seguro". Después la otra cara de la moneda. El que te pidan ayuda, en este caso económica, es la más recurrente y comienza el conflicto desde saber que de alguna manera te están comprometiendo por el hecho de ayudar, que el valor siempre está disponible, pero el conflicto se sitúa en el recurso que realmente ayudará a tu amigo. Pueden suceder varias cosas, una de ellas decidir ayudar de corazón, sin esperar el pago de regreso, y la otra, entrar en una disputa por el hecho de esperar a partir de la ayuda, la fecha del pago o devolución del recurso. ¿Ven? AYUDAR siempre es posible, lo difícil es el recurso que se necesita dar y las condiciones de este medio, como en el caso del dinero, lo prestas y esperas el pago o bien, lo das como un apoyo o ayuda sin esperar el pago de vuelta. Muchas maneras de ayudar por petición, pero pocas por buena disposición. Son más las que se realizan por compromiso, y son pocas las que se dan solo por amor o caridad, claro y hablando de dinero, no siempre se puede y en una época tan difícil de conseguir como ahora las posturas pueden ser muy duras y terminar hasta con una amistad.

Pedir ayuda no es lo mismo que ayudar obviamente, y ayudar porque piden ayuda es una respuesta al compromiso, no de Ayudar propiamente porque claramente no contiene la caridad incondicional.

*La palabra Ayudar viene del latín adiutare, frecuentativo de adiuvare, y este de ad(hacia)+ lugares: ayudar, respaldar, complacer. *Google.

Para finalizar en este capítulo quiero completar más el acto de Pedir ayuda.

¿Por qué se pide ayuda? Yo puedo entender esta acción, como la confianza de pedir lo que crees que mereces por el hecho simple de la empatía. Si sé que está descripción se escucha muy arrogante, pero es real. Hay quienes no piden por pena. Lo creas o no es muy claro, hay quienes dicen no saber pedir, otros no querer pedir y muchos no saben que pueden pedir. Así vemos las diversas maneras de actuar del ser humano y esto solo se debe a tu formación desde la infancia.

Niños a quienes les enseñaron a pedir de manera protocolaria y educada, hoy te piden con gran seguridad, porque el pedir (ayuda) siempre fue un acto permitido por sus padres.

Otras personas no pueden pedir por miedo al ¡no! como respuesta, un paradigma generado de igual forma desde su formación infantil, donde seguramente las respuestas a sus peticiones siempre fueron "no"
Y quienes no saben pedir porque no existió esa libertad en su formación, ya que tal vez pedir era un acto limitado o no funcionaba en su familia. Así que pedir no era la elección, y además sin saber la razón.

Pedir-dar(ayuda)

¿Qué pasa con la respuesta?, < dar la ayuda pedida>

Dar es un acto de amor, pero cambia mucho el sentido cuando es pedido. ¿Se han dado cuenta alguna vez de eso?

Los seres humanos funcionamos contrariamente a lo que los demás nos indican o aconsejan. Sin embargo, si nos piden, la mayoría de las veces damos.

Ya la paga de el favor es otro asunto, pero si es verdad, que es donde cambia completamente el sentido del placer de dar.

Hay quienes dan solo por gusto y placer, hay quienes dan por obligación y hay quienes dan porque les piden.

La ayuda es un valor que la humanidad convierte en recurso, medio, manipulación y promoción.

Mi mensaje final de Ayudar es simplemente que no pierdas el sentido y el valor de dar por amor, sin condiciones y sin esperar nada a *cambio, pero tampoco olvides que te pedirán ayuda y la darás, reflexiona tu posibilidad y pon tus límites, **"porque dar sin amor, jamás te dará placer"**.*

Capítulo 2

Aprender. - Otro verbo que manifiesta amor por saber.

¿Cómo definimos el verbo Aprender?

aprender
verbo transitivo · verbo intransitivo
1.
Adquirir el conocimiento de algo por medio del estudio, el ejercicio o la experiencia.
"aprender una lengua"
2.
verbo transitivo
Retener una cosa en la memoria.

"aprender una poesía"

"Todo lo que podamos definir de este verbo se quedará corto, porque el aprendizaje es infinito "

Y ¿dónde encontramos el saber? De principio en el árbol del conocimiento de "Adán y Eva" dónde se abrió la conciencia al morder la manzana, el inicio de la era del conocimiento.

Saber es ver y después entender, o bien visualizar con la mente una idea, proyectarla y después concretarla. El resultado es preciso, un producto, todo un proceso lógico que nos permite activar nuestro conocimiento y ligarlo a la creatividad. Somos seres humanos creativos por naturaleza, emitimos pensamientos constantes, sin control. Pero ¿qué sabemos de ellos? "Solo sé que no se nada" (Sócrates) o Platón su discípulo. Son atributos que no han sido realmente claros sobre quien proceso esa filosofía, pero lo que sí es claro es la paradoja. En ella nos transmite que no existe nada y existe el todo, porque el conocimiento es infinito y la verdad no es absoluta, así que de acuerdo con los filósofos griegos nuestra apertura al aprendizaje siempre será subjetiva.

"Cada maestrillo tiene su librillo" es uno de los proverbios que nos indican claramente que cada persona tiene su propia técnica, manera de pensar y de sentir.

Hoy el conocimiento está más accesible, bueno más bien la información, porque el conocimiento como tal es la apreciación particular de las cosas, sucesos o ideas. "Cada quién mira desde su propia experiencia"

"Información es poder" o El Poder de la Información" son dos cosas muy distintas, pero muy importantes en el ámbito del conocimiento y del poder.

Cuando hablamos de: <Información es poder > realmente podemos entender que la ignorancia es muy cuantiosa, ¿me sigues? Observa ¡Poder! y después ¡Información!

El poder es una constante en este mundo, todos queremos tener el poder a través de lo que sea. Ejemplo: Si alguien del medio periodístico tiene una nota que involucra a un líder importante de la política, tiene poder sobre el líder. Si la maestra imparte una asignatura a un grupo de jóvenes y va a someter al grupo a un examen, ella tiene el poder sobre el grupo.

Pero ¿qué pasa con la ignorancia?
Aquí existe una disyuntiva: la ignorancia cómo término (falta de conocimiento) o bien la omisión de cualquier información (es la renuncia a expresar o a realizar algo).

Veamos la primera salida: ignorancia o ignorar. En las sociedades actuales somos más personas y por ende más ignorantes, cuando según la lógica de la permeabilidad debiéramos todos tener el mismo nivel de conocimiento, o al menos la misma capacidad y acceso, tomando en cuenta la información disponible, hoy global (internet). Pero en realidad estamos perdidos en la ignorancia por tanta información. ¿Cuál es la fidedigna? En muchos casos se soporta por fuentes oficiales, pero la mayoría y las más accesibles no son claras. Entonces la ignorancia prevalece generando mayor confusión y malentendidos. Estamos inmersos en muchas especulaciones, mentiras e ideas sensacionalistas que no hacen más que bloquear el verdadero conocimiento, y no lo digo por definir lo cierto o lo incierto, sino porque la práctica de la investigación no se da en todos, solo en quienes escrutan deliberadamente para encontrar razones y sustentos que generen en sí una lógica, donde la información fluya en tu comprensión, o al menos que deje un mensaje claro, referido en base de la propia experiencia, pero cuando no existe experiencia, existe la historia, que es la memoria del reconocimiento y por ende la apertura clásica al conocimiento.

La omisión como coyuntura de la ignorancia, asimila el acto de "no hacer lo propio", "no expresar" y "no compartir información". Aquí estamos viendo claramente como suprimimos la mínima intención de florecer el conocimiento. Hay muchas más razones, lo sé, pero las más evidentes y clásicas están siempre en esta disyuntiva, porque las opciones pueden ser muchas, pero las acciones no. Ejemplo: cuando alguien ignora algo de otra persona, lo más seguro es que no la conozca, no le interese o bien nunca lo haya visto, eso es una ignorancia natural, de la ignorancia nace el conocimiento, ¿si no cómo? Y en el ejemplo vemos una persona que ignora lo de otra, "cuando queremos saber, <verbo activo hacia el conocimiento>, entonces procederemos a pedir información". Entramos en el proceso de la investigación, así de simple. ¿Cómo se cuánto cuesta algo? En un mercado de verduras veo una gran gama de ellas, pero pare saber qué y cuánto comprar, debemos preguntar (investigar). Es así de simple y práctico. Todos somos investigadores, desde un bebé hasta el más anciano de una familia. Para saber, debemos investigar- <información>. Simplemente dicen: "A Roma se llega preguntando". Aunque no conozcas el camino ¡llegas!

Entonces te preguntarás ¿por qué tanta ignorancia? Yo no soy sabia, pero observo, investigo y analizo. En mi poco conocimiento y en mí mucha observación ha sido fácil entender el comportamiento humano, con la ignorancia y también con la omisión, que son dos cosas que originan conocimiento. ¿Qué paradoja verdad? ¿Cómo sabemos que no sabemos? y la otra ¿Cómo sé que lo qué se es la verdad? Aquí es donde entra el poder y su protagonismo ante la información, nadie tiene la verdad absoluta de un razonamiento, pero de un hecho sí. Puede que en la historia encuentres muchos hechos sin testigos, otros en crónicas y muchas biografías, así es como vamos conociendo el mundo y sus épocas anteriores, pero nada nos dice que lo que se ha escrito sea realmente lo sucedido, solo nos dejamos llevar por la fuente y su calidad de crédito.

El protagonismo de la información nos abre a un nivel de posibilidades que magnifican nuestra apertura y el acto de la comprensión a través de la conciencia.

La información es usada con moneda de cambio, chismes, especulaciones, cartas, noticias, historias, asignaturas, etc. Todo está en el aire, si, así como lo ves, el aire tiene su propia inercia de movimiento, de la misma forma transmite y transporta cualquier información.

Aire tiene muchos sinónimos en la comunicación, por ejemplo: viralizar, transmitir, enviar, recibir, ver pasar, subir a la nube, informar y trasladar. Existen más, todas se mueven como el aire, es la mecánica para llegar de un lugar a otro. Aunque pensarás, si claro, pero las podemos controlar (información) ahí exactamente ahí es donde emana el "PODER", entonces le dimos al clavo, la información debiera ser como las nubes, pero existe una fuerza externa del hombre llamada "CONTROL", son dos conceptos que interfieren directamente al conocimiento, al aprendizaje, a la evolución y al crecimiento de la conciencia humana.

En el control justamente habita la omisión.

¡Respira y exhala!, sé que acabas de ver una película llamada "Manipulación". Este es la realidad más triste de la humanidad.

-Eres ignorante, estás sujeto a ser manipulado por el poder o el que tiene la información.
- Omites información para no poner en riesgo tu vida, o bien la omites a cambio de algo(control)

Así funciona la mecánica de la información en este planeta. La única verdad absoluta es que existe, así como existe la manipulación. Pero la ignorancia resulta ser la masa más grande y poderosa para alimentar el poder (información).

El reto no es contra el poder, ese siempre va a existir, el verdadero reto es combatir a la ignorancia, la omisión siempre será parte del poder de la manipulación, de la impunidad y de la mentira.

Acércate al conocimiento y mata a la ignorancia.

No te voy a decir qué hacer, solo te voy a dar algunos tips que pueden servir de apoyo a tu reto por combatir a la ignorancia.

1- Leer
2- Escuchar
3- Observar
4- Auto Observación (meditación)
5- Investigar
6-Diferir
7- No busques la verdad, búscate a ti.

El conocimiento nos permite aprender lo que nos interesa según el momento que estemos viviendo, puede ser profesional, de pareja, empresarial o de las estrellas, historia, no lo sé, pero lo que sí sé es que lo que decidas está bien, todo te ofrece aprendizaje, te nutre y te empodera, una persona empoderada no es fácil de manipular, y digo no es fácil, porque a la manipulación todos somos vulnerables de alguna forma.

Capítulo 3
AMAR

Ha llegado el capítulo que más me inquieta "Amar". ¿Qué es amar? ¿Lo sabes?

El amor es la energía universal más complicada de entender, pero la más proclamada por la humanidad.

Hay tres frases que siempre me han llamado la atención:

1.- ¿Me amas?

2. - Té amo.

3.- El amor duele.

La primera frase o más bien pregunta "¿me amas?" revela la carencia en la misma duda. Somos capaces de decir "Te amo" y al mismo tiempo preguntar ¿me amas? Nos han condicionado a amar desde que nacemos, nuestros padres y familiares. ¿Somos capaces de amar por naturaleza o amamos como robots?

Cuando le contestas a alguien que te pregunta si la amas, entra una forzada manera de no lastimar, y no por no amar a quien cuestiona, sino porque rompe con la misma naturaleza libre del amor, la misma cuestión condiciona con la pregunta, desde un principio carente del mismo, como decir a quien le compras un helado, ¿me va a dar el pilón? Simplemente es promoción de un condicionamiento. Lo mismo pasa en las relaciones actuales. Como lo digo en el primer capítulo, hoy las relaciones de pareja simplemente se basan en el poder y no en el amor. El amor brilla solo en las fotos publicadas en redes sociales, cómo cumplimiento de los requisitos para ser aceptado y decir al mundo: ¡soy feliz! El miedo al rechazo o al señalamiento de no serlo, es igual que no pertenecer, y el pertenecer a un segmento, grupo o club, te etiqueta. Amar o ser amado no es un ingrediente más a los preceptos sociales. Amar es la energía consciente de admiración a ti y al mundo con agradecimiento, dicha y plenitud, pero eso solo se adquiere con la conciencia y la compasión hacia la inhumanidad o a la vulnerabilidad de otros, sin el ego de la lástima. La compasión es la empatía emitida desde el amor incondicional, desde verte a ti mismo en los zapatos de los demás, para bien o para mal, es admiración, agradecimiento y sobre todo ser uno con el universo, sin inmiscuirse en las emociones de otros, es más, ni en las propias, solo dejar ser de corazón.

Vemos tanto "amor" (apego)por las mascotas, por las tendencias de moda, por lugares sugeridos, por eventos especiales (bodas XV años, bautizos), viajes, autos e influensers. Es evidente la necesidad de convertir el amor en un sinónimo de "Soy": "soy lo máximo" (la mejor producción de uno mismo). Es irrelevante decir que el mundo está carente de amor propio, por tal motivo no hay comprensión del amor, ni mucho menos aceptación de la carencia. Es tan sublime el amor que se manifiesta en compasión para quienes, si percibimos la carencia en otros de esta energía (autoestima). La estima es una demanda constante, lo vemos tan magnificado que de verdad es preocupante. El mundo está enfermo de desamor, y yo le llamaría más puntual, está "carente de amor". Hemos invertido tanto en nuestra competitividad, en pertenecer y ser aceptados, que la mínima razón de amarnos se ha desmitificado. El silencio del amor es muy evidente ante tanto ruido que emite la guerra de egos en las redes sociales. Los egos son actores que interpretan múltiples personajes: reinas de belleza, políticos, youtubers, influencers, héroes, heroínas, es interminable el reparto, pero si es triste y preocupante, Madres promoviendo a sus hijas con el mejor postor para asegurar su futuro. Los famosos sugar daddy de la actualidad han logrado un gran impacto EN la industria de la prostitución, les han quitado literal y vulgarmente "la chamba" pues las niñas bien de hoy se la buscan con prácticas formas de vivir en la vida alegre, sostenida por hombres 25 o más años mayores, quienes ven en su poder económico (cartera) el poder de comprar lo que se les antoje. Una triste y deplorable realidad. Aquí mi pregunta ¿el amor es ciego? Pues no, el amor simplemente es, pero no se adapta a las prácticas convenientes de las nuevas maneras de relacionarse, son fuera de contexto. Si, es verdad que, si retomamos épocas anteriores, se casaban mujeres de 13 años con hombres de 30, pero ¿y su libertad de elección? No existía, eran matrimonios convenidos, y hablamos del siglo pasado, ¡por Dios! Solo debemos apreciar desde la carencia o las carencias, donde la más evidente es, el amor propio.

Te Amo

Es la firma más vista en cartas y notas de amor, el sello que enmarca la más bella despedida, sellando con el candado del "Te Amo". Somos tan absolutamente inseguros, que en lugar de poner un punto y fin o bien un punto y aparte al terminar una conversación en un chat, lo terminamos con un Te Amo, asegurando el efecto (yo si te amo y el amor está escaso) ¿vieron que fácil se describe e identifica el mensaje?

Ahora se ha vuelto la normalidad, el amor es un verbo, se actúa, se activa y se deja fluir ante quien lo provoca, pero por el contrario lo condicionamos cada día a un sello en palabras que no tiene más fondo que controlar, no deja una salida a la elección de amar con libertad, se condiciona solo porque somos neófitos de la libertad. Toda inseguridad nos produce el acto de controlar, de ahí los celos, es una emoción dañina y patológica, nos pone en modo histeria, dónde el miedo y el ansía se juntan, para emitir la fuerza del dominio, ¿se imaginan, 100 celosas o celosos juntos sin control? ¡Madre mía!

Pues el amor como protagonista está triste, porque su naturaleza no le permite condicionarse ni ser manipulable, es solo energía que provoca sentimientos gratificantes. ´Pero el proceso de una relación tiene sus precauciones. Si, todos sabemos el efecto de el enamoramiento (caer en el amor) que literalmente es ausencia del ego. Pero nosotros le tenemos pavor, porque nuestro ego nos protege de ser vulnerables a las manipulaciones, a las que en efecto podemos caer cuando justamente estamos enamorados. ¡Ojo! Esto solo sucede cuando una de las partes no es partícipe del amor, entonces el ego del carente se siente tan superior al enamorado que es cuando vemos a muchas y a muchos llorar por los rincones, porque les rompieron el corazón. Es una experiencia terrible, se bajan las defensas después de haber tenido todas las células al 1000, comienza el desánimo y el sentimiento de desamor, y eso no es así, el amor solo te atrapa, pero los seres (humanos) no podemos soportar el dolor y tenemos que empezar a sufrir para negar cuanto dolor nos nace. Enamorarse es una transición natural, desenamorarse no lo es, es solo el ego que despierta para sufrir, porque no soporta el dolor de ver la carencia en el otro, la no reciprocidad, entra nuevamente en juego el ego, entonces los sentimientos del desamor, que no es más que el despertar del ego ante el enamoramiento, emiten emoción de sufrimiento y resentimiento. Si el amor forzadamente tuviera que ser recíproco, entonces el amor sería 1/2 amor, y el amor es una energía que te atrapa, es fantástica y una suerte que te atrape, pero la transformamos en lo más negativo del dolor, el resentimiento y la tristeza.

Amor recíproco. Es maravilloso cuando surge el amor entre dos (pareja). Se dan hasta las venas, es la más sublime experiencia. Tanto, que se pretende prolongarlo hasta la muerte, de ahí, tanto matrimonio, hijos prematuros etc. Pero vivirlo es maravilloso. ¿Quién ha olvidado a su primer gran amor? Nadie, el amor deja la más profunda huella, más que cualquier dolor, es más, los partos son, dicen, el dolor más fuerte que puede vivir una mujer, y después del nacimiento, se olvida.

Vemos el amor de muchas formas: de pareja, de padres, de hijos, de hermanos y de amigos. Los padres tienen la mala costumbre de condicionar el amor de sus hijos y no solo eso, de competir en alienación parental, manipulando con el poder del dinero a sus propios hijos, para convertirse en su más amado padre o madre. El verdadero problema está en nuestra cultura que nos ha condicionado a amar como si fuera una obligación y no algo que surge de manera natural y cultivada desde el amor. Si, dirán muchos, "yo les he dado todo el amor a mis hijos y ellos deben amarme". ¿Lo ven? Es lo que se condiciona, lo que se espera, y el amor no es palpable ni manipulable, o es O no es, punto.

En pocas palabras, decir "Te Amo" implica primero sentirlo y después darlo

Por último, la frase: "El Amor duele"

¿Cuántas veces hemos visto y experimentado dolor por la pérdida de un amor, o simplemente por no ser correspondida o correspondido? El mundo está lleno de decepción, de falta de amor, pero de amor propio, ese es el verdadero problema, la carencia de nuestro propio reconocimiento y aceptación, de amarnos tal cual somos, de ser y ya, de ser y amar solo porque sí. El confundir amor propio con ser narcisista es una total controversia, nos han confundido mucho, el narcisismo es realmente la obsesión por uno mismo, el amor propio es amarte en todo lo que eres y lo que también no eres.

Hagamos juntos esta reflexión: si tú amor propio solo te amará a ti y a nadie más, ¿estrías dispuesto a entender que ya no hay más para compartir?

Qué respuesta tan fácil. El amor no tiene límites, y si no se comparte no se activa, si activar se refiere a fluir, el amor es incapaz de ser egoísta, no se queda como piedra en un lugar inamovible, es permanentemente activo y fluye hacia dónde se puede dar. Entonces solo debemos entender dos cosas sobre el amor y que es lo que realmente duele de él: La falsa idea del amor llena de expectativas, y el auto rechazo.

Por el contrario, la autoestima es un amor inherente, vive en nuestro ser consciente, se debe tener presente cada día de nuestras vidas, aquí y ahora. Solo duele el amor que no se tiene, muchos lo viven en el futuro, otros en el pasado recordando viejos amores, mi pregunta es: ¿y el presente? ¿Cómo lo vives? ¿En carencia sin disfrutar cada día consciente del presente y agradeciendo el ser y estar? Pues todo lo que se espera y no llega duele, esas son expectativas, en cambio si practicamos el estado consciente del aquí y el ahora, con el trabajo constante de agradecimiento y reconocimiento, el amor surge. Es como tallar las piedras para hacer fuego.

El amor no duele, duele el ego que se disfraza de amor, jugando al protagonista de su peor película.

Pues esto llegó a su fin, con todo el amor que le tengo a la vida, a mis padres por dármela y a Dios por surgir en mi ser. ¡Gracias, gracias, gracias!

@Alejandra Oliveros Flores
@Facebook/Elcolordelasmujeres

Prólogo Mtra. Diana Gabriela León
Diseño   Portada: Interactiva
Digitales/Alejandra Oliveros

Made in the USA
Columbia, SC
22 November 2023

26459765R00037